libro de lecturas

 letrilandia

Aurora Usero Alijarde

Maestra especialista en Educación Infantil
Profesora especializada en Pedagogía Terapéutica

El 0,7 % de la venta de este libro va destinado a la construcción de una escuela en Bamenda (Camerún), proyecto gestionado por la ONG Solidaridad, Educación, Desarrollo (SED).

 EDELVIVES

Índice

Aquí están todas 4

Sílabas inversas
-s 6

Sílabas inversas
-n 7

Sílabas inversas
-l 8

Sílabas inversas
-r 9

Sílabas inversas
-d, -z, -c, -g, -j, -b, -d 10

Lectura de frases 11

Diferenciación de sílabas mixtas
**mal, man, mas, mad, mac, mat, man,
mag, maf** 12

Lectura de frases 13

Diferenciación de sílabas mixtas
pr-, p-r 14

Diferenciación de sílabas mixtas
pl-, p-l 15

Diferenciación de sílabas mixtas
br-, b-r 16

Diferenciación de sílabas mixtas
bl-, b-l 17

Diptongos 18

Mi prima (Poema) 19

Diferenciación de sílabas mixtas
cr-, c-r 20

Diferenciación de sílabas mixtas
cl-, c-l 21

Diferenciación de sílabas mixtas
fr-, f-r 22

Diferenciación de sílabas mixtas
fl-, f-l 23

Cielo (Poema) 24

¡Qué tontería! (Poema) 25

Diferenciación de sílabas mixtas
gr-, g-r 26

Diferenciación de sílabas mixtas
gl-, g-l 27

Diferenciación de sílabas mixtas
dr-, d-r 28

Diferenciación de sílabas mixtas
tr-, t-r 29

La mamá canta (Poema) 30

Comprensión divertida 31

Sílabas mixtas dobles
brus, bron, brir, bren, bral 32

Sílabas mixtas dobles
blan, blas, blar 33

Sílabas mixtas dobles
cris, crin, cruz, crip, clis, clon 34

Lectura de frases 35

Brinca, salta, corre, marcha (Poema) 36

Ratón que te pilla el gato 37

Sílabas mixtas dobles
plis, plan, plen 38

Sílabas mixtas dobles
pron, pris, pres, prac 39

Sílabas mixtas dobles
fras, frac, fren, fraz, frun 40

Sílabas mixtas dobles
flan, flar 41

El Sol (Poema) 42

La hucha, Nadar (Poemas) 43

Sílabas mixtas dobles
tren, tris, trom, triz, tras 44

Sílabas mixtas dobles
dres, dril, drac, dral, dron 45

Sílabas mixtas dobles
gran, gres, gras, glon, gles, glan 46

Lectura de frases 47

Ojos negros 48

El Sol (Poema) 49

Sílabas mixtas dobles
ins, trans, cons 50

Lectura de frases 51

Elena y el enanito (Cuento) 52

Las perlas (Cuento) 54

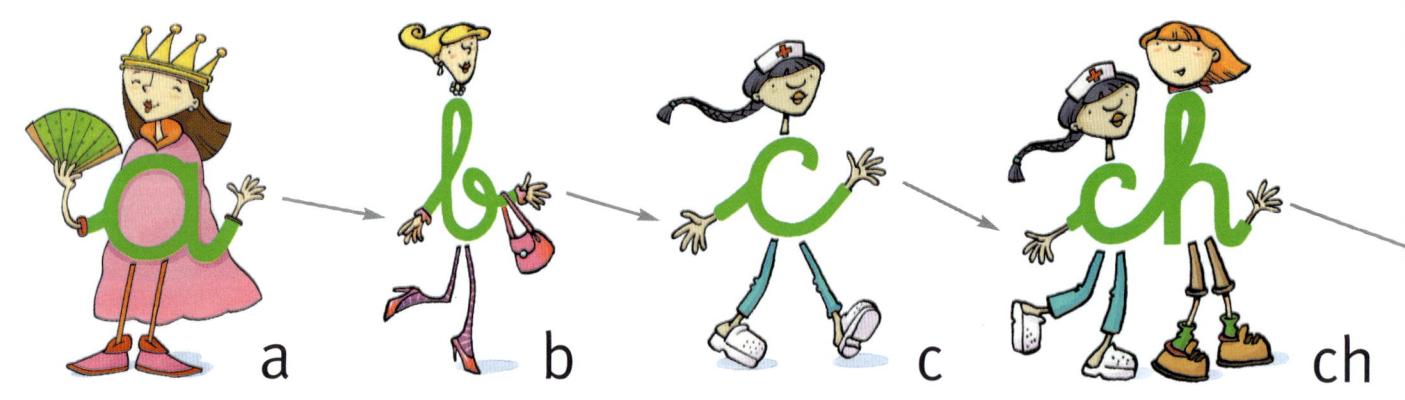

a   b   c   ch

p   o   ñ   n   m

q   r   s   t   u

d   e   f   g   h

ll   l   k   j   i

v   w   x   y   z

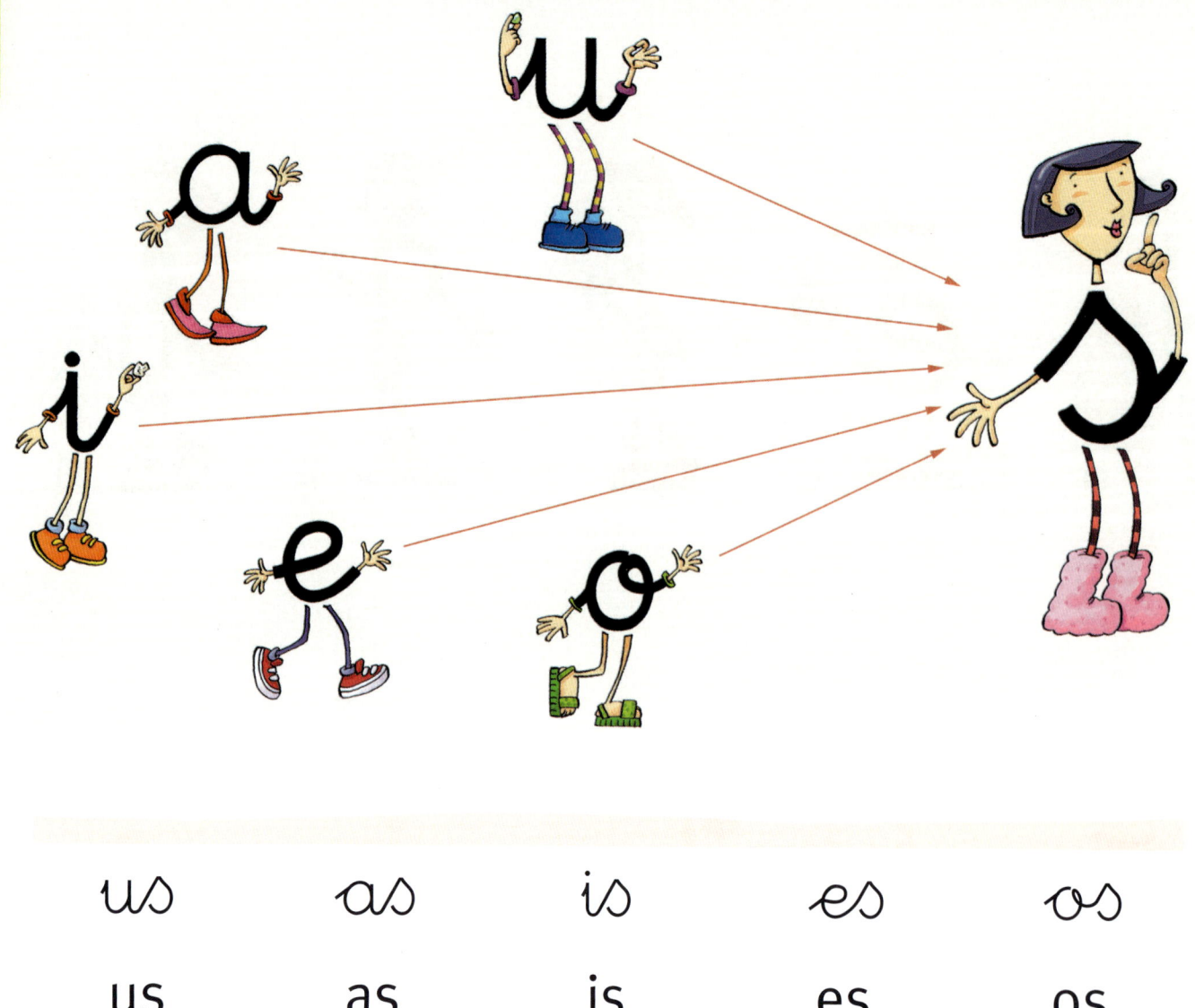

us	as	is	es	os
us	as	is	es	os

- Ismael estudia Historia.

- Esta tarde vamos al estadio.

- La mosca y el mosquito son insectos.

- El asno se escondió en las espigas.

- La escalera tiene seis peldaños.

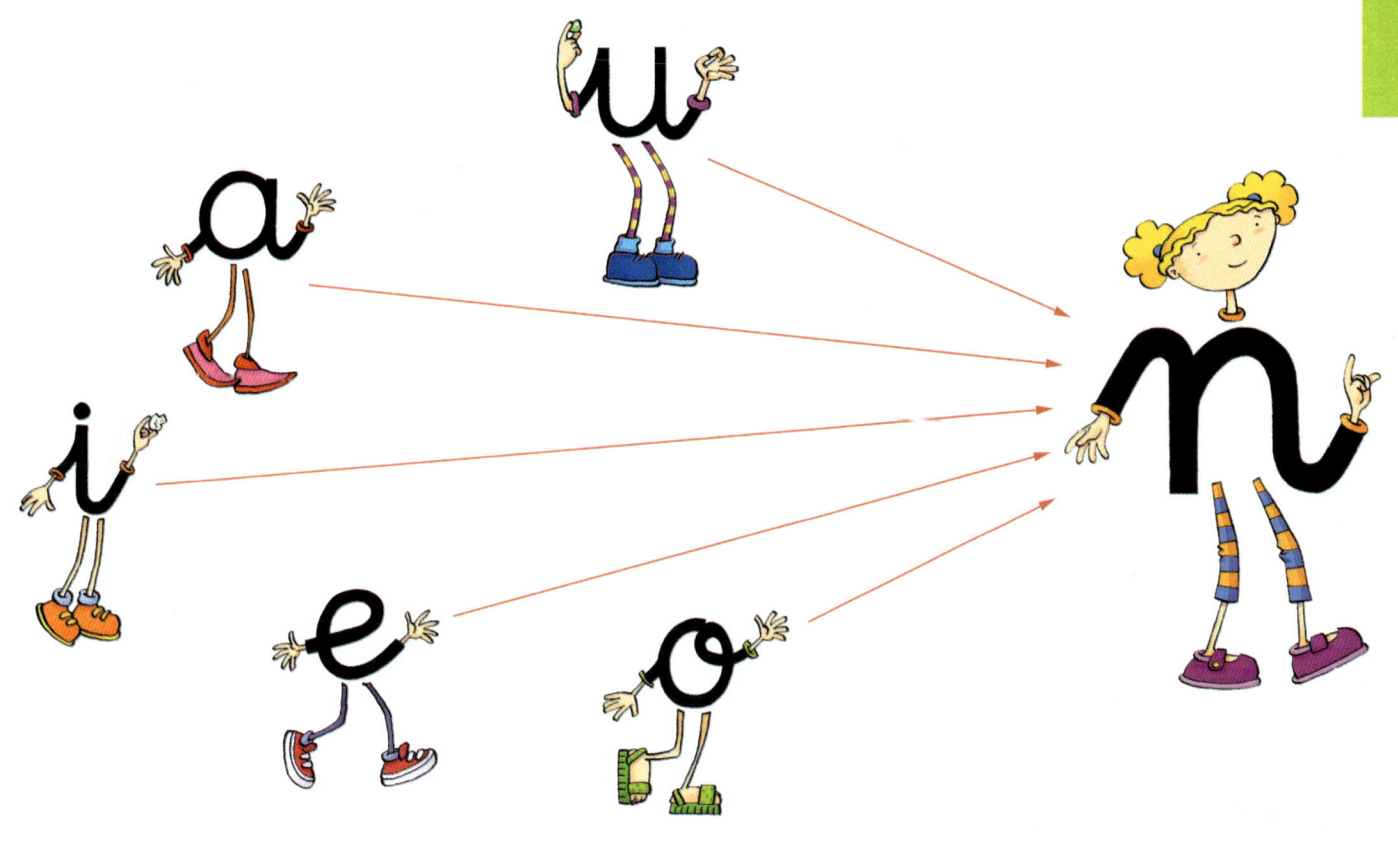

un   an   in   en   on

un   an   in   en   on

- He contado doce encinas.

- Pasamos por encima de un puente.

- La punta de esa lanza es muy punzante.

- Antonia tiene un antifaz.

- Antes de salir cerraré las ventanas.

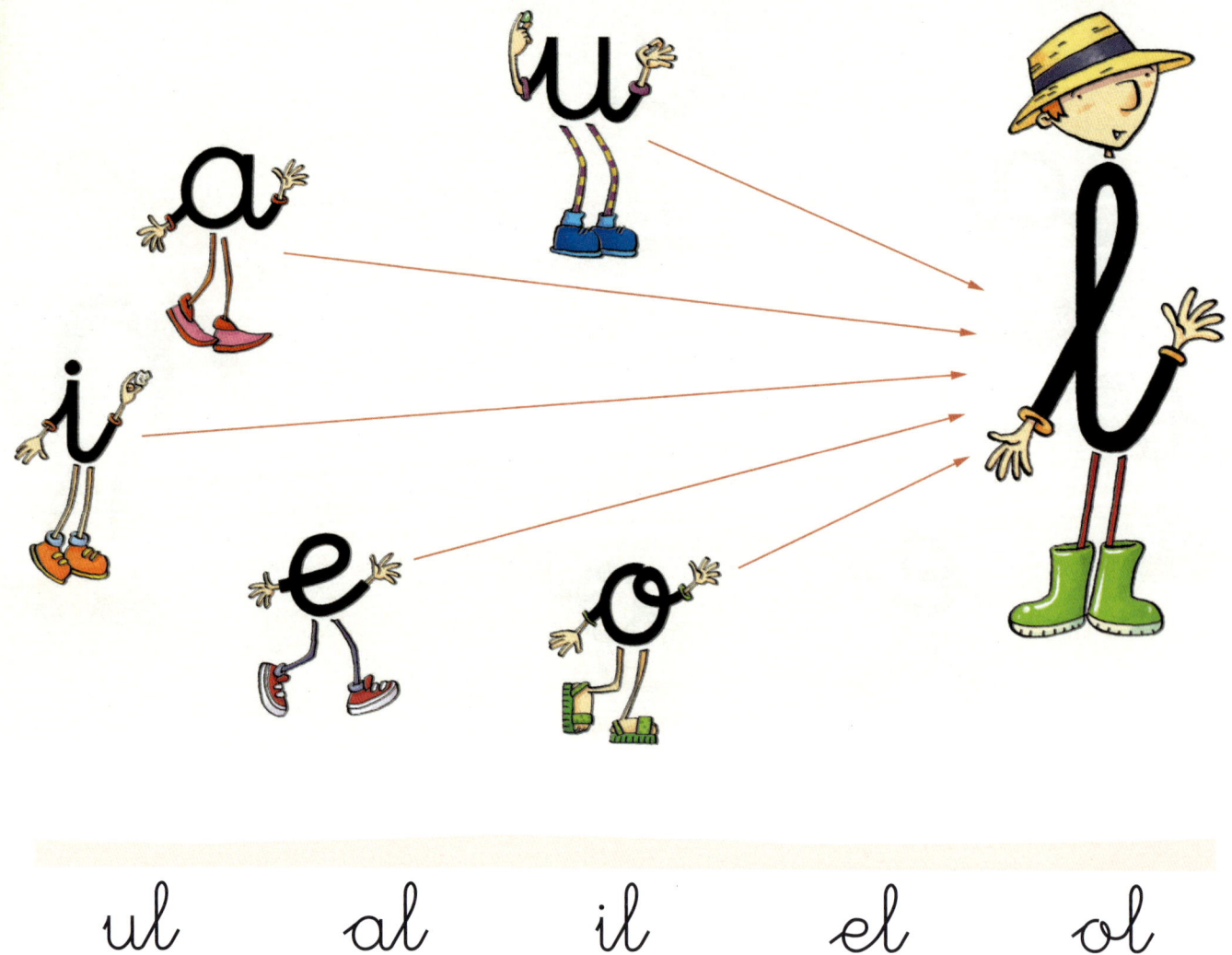

ul	al	il	el	ol
ul	al	il	el	ol

- Alberto tiene la piel tostada.

- El galgo tiene buen olfato.

- Alba llegará a la hora del almuerzo.

- Esta almohada es muy alta.

- Miguel cocinó el pulpo con almejas y perejil.

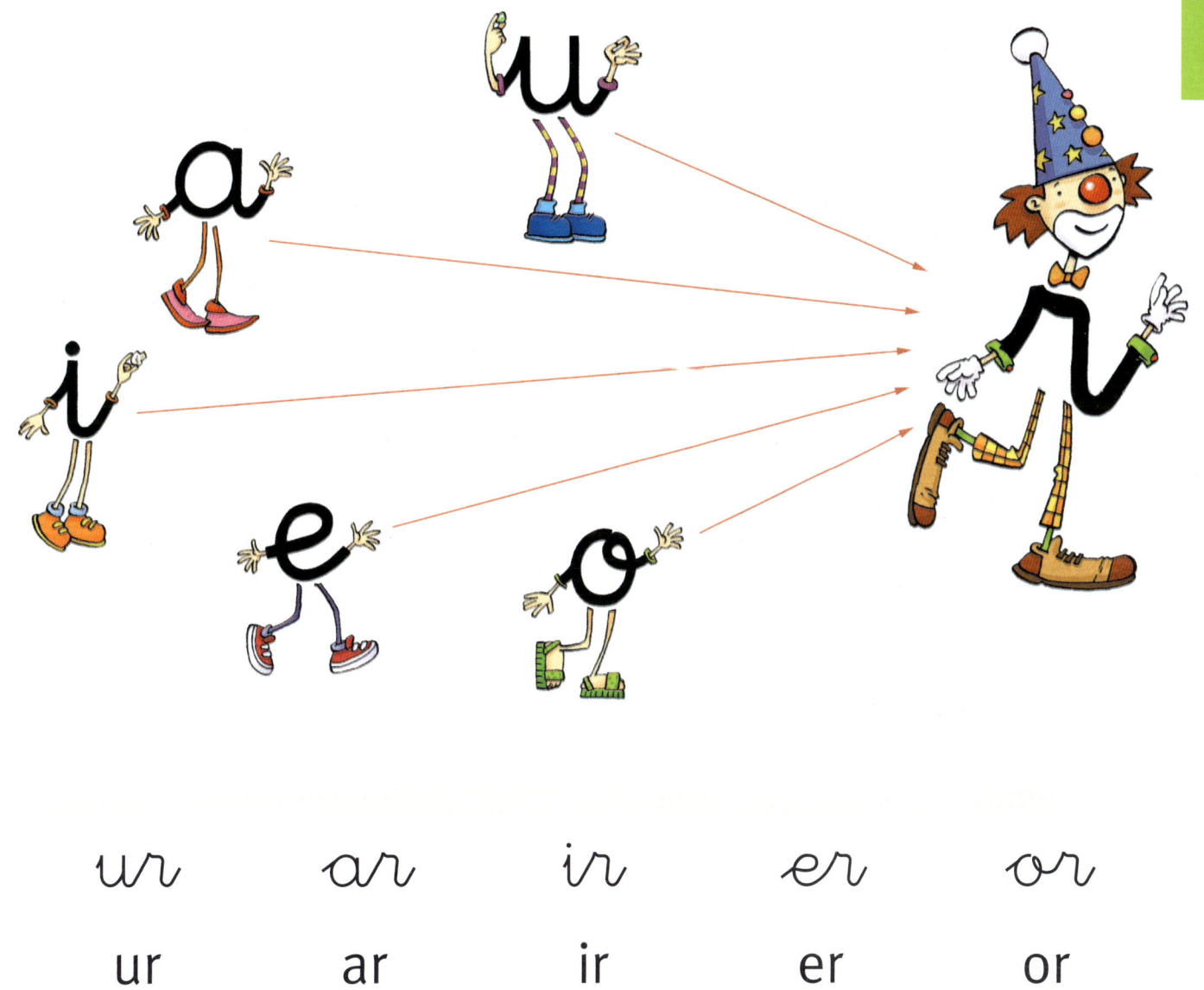

ur	ar	ir	er	or
ur	ar	ir	er	or

- Recibí una carta de mi hermana.

- Los barcos no pueden salir a la mar.

- El ciervo y la ardilla son mamíferos.

- Estuve jugando al tiro con arco y no di en la diana.

- Arturo hizo una tarta para Carlos.

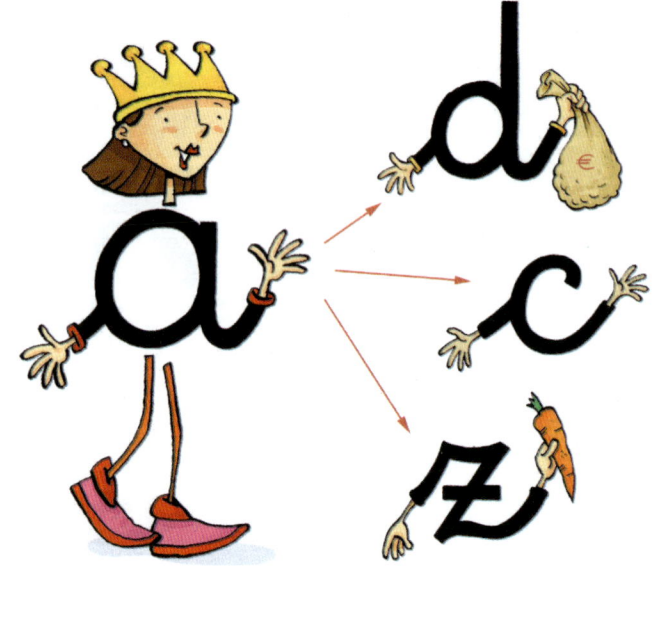

ad   ac   az

ad   ac   az

ag   aj

ag   aj

ad   ab

ad   ab

Tú eres capaz de subir hasta la torre.

A todos nos gusta la paz.

Es magnífico tener amigos.

Esto es un reloj y esto un carcaj.

Absorbe la limonada sin hacer ruido.

Tengo una colección de cromos
de futbolistas.

mal	man	mas	mad	mac
mal	man	mas	mad	mac

mat	mar	mag	maf
mat	mar	mag	maf

El martillo está encima de la mesa.

A mi hermano le encantan las magdalenas.

En el cuento aparece un malvado.

He puesto el mantel en la mesa.

Hay que masticar con la boca cerrada.

En esta caja hay menos de mil sellos.

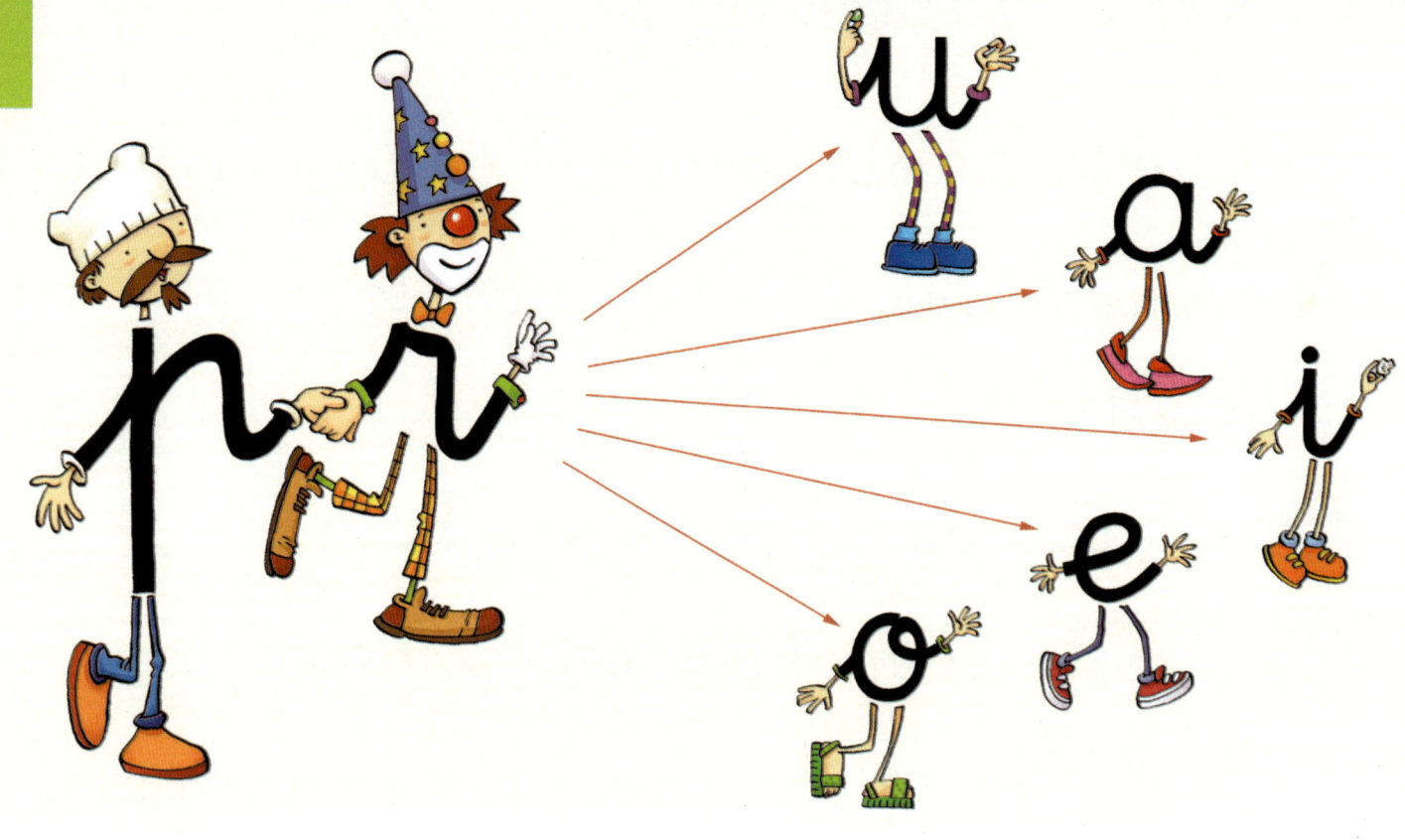

pru	pra	pri	pre	pro
pru	pra	pri	pre	pro

pur	par	pir	per	por
pur	par	pir	per	por

- La oveja está en el prado.

- Mi gato es pardo.

- El ganador recibirá un premio.

- Ayer fui con mi primo al parque.

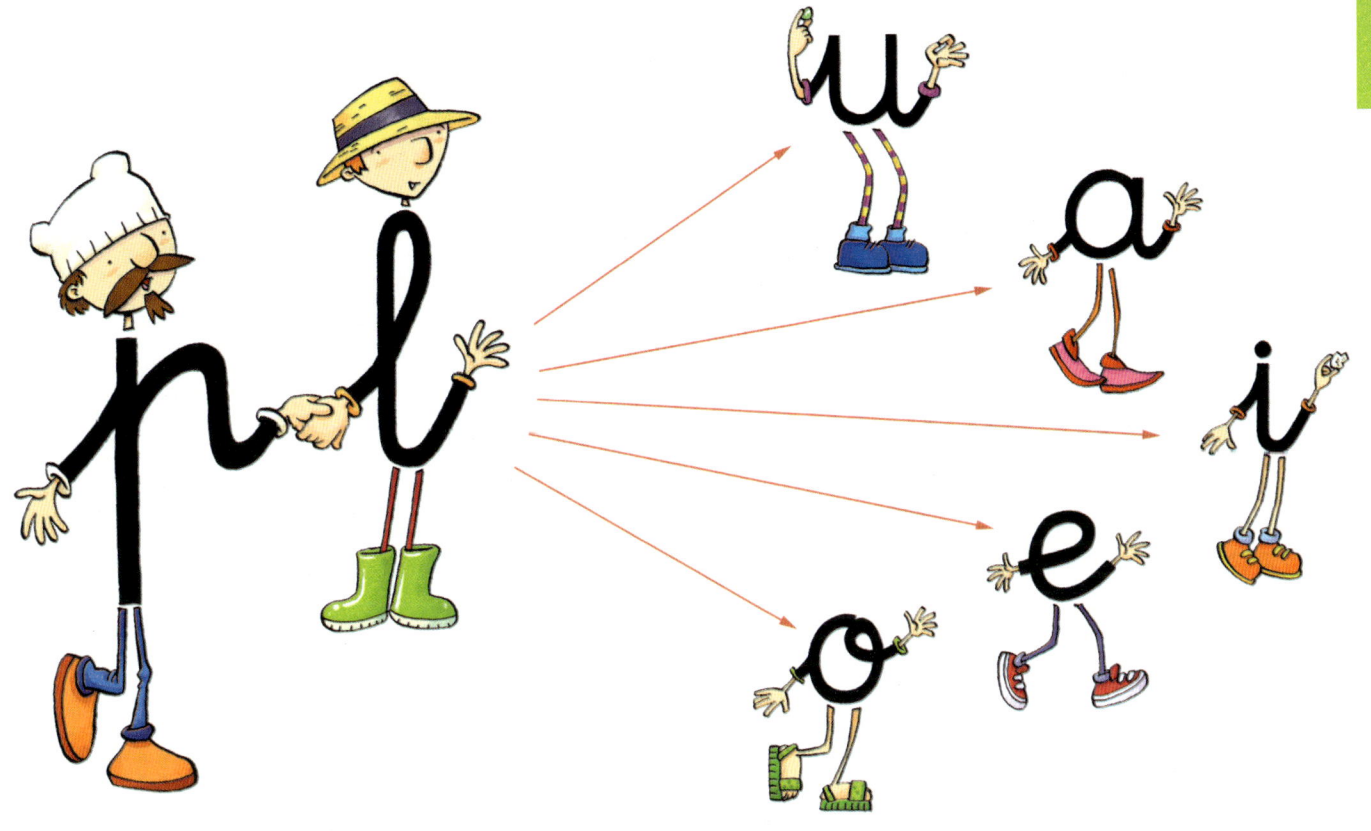

plu	pla	pli	ple	plo
plu	pla	pli	ple	plo
pul	pal	pil	pel	pol
pul	pal	pil	pel	pol

- En la plaza hay bancos y farolas.

- Tengo una pluma y una pulsera.

- Limpia el polvo del plato.

- En la cesta de plástico hay plátanos.

bru	bra	bri	bre	bro
bru	bra	bri	bre	bro
bur	bar	bir	ber	bor
bur	bar	bir	ber	bor

- Gabriel me regaló una brújula.
- El Sol brilla en el cielo.
- Bernardo pasea en su barca.
- Me gusta abrazar a mi papá.

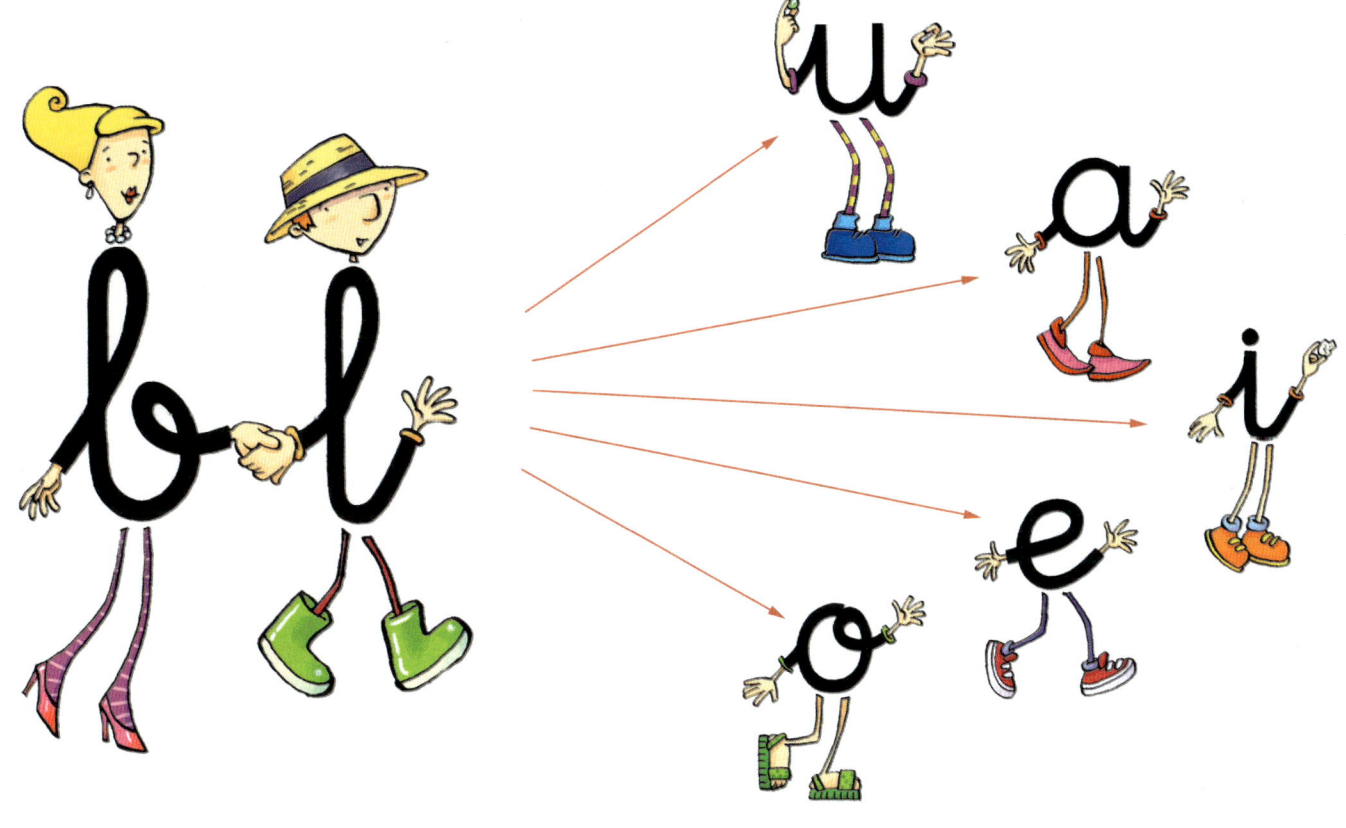

blu	bla	bli	ble	blo
blu	bla	bli	ble	blo
bul	bal	bil	bel	bol
bul	bal	bil	bel	bol

- Mi blusa es verde.

- Mi pueblo tiene una biblioteca.

- Mete todos los bultos en la bolsa.

- Vivo en el bloque número cinco.

huevo   hierba   Mario

reina   Luisa   Rusia

- El piano está cerca de la pared.
- A la reina le gustan las magdalenas.

Mi prima

Tengo una prima mayor.

Es muy complaciente.

Siempre tiene prisa.

Tiene una pluma de plata.

Me regaló un soldado de plomo.

Mi prima se llama Palmira.

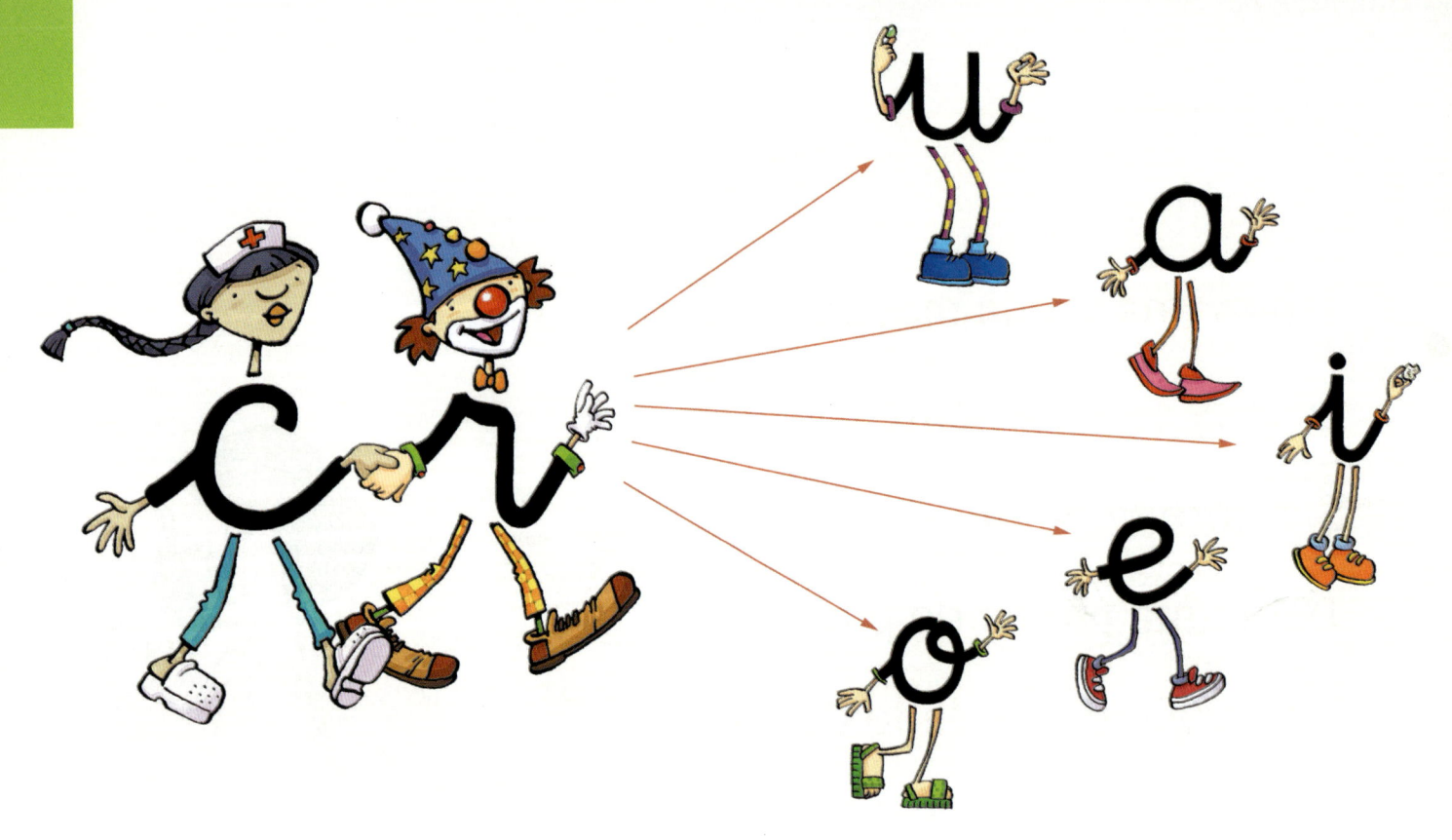

cru	cra	cri	cre	cro
cru	cra	cri	cre	cro

cur	car	cir	cer	cor
cur	car	cir	cer	cor

- Me gusta la crema de coco.
- En el recreo jugamos con los cromos.
- Me gustan las croquetas de jamón.
- Los corderos están en el campo.

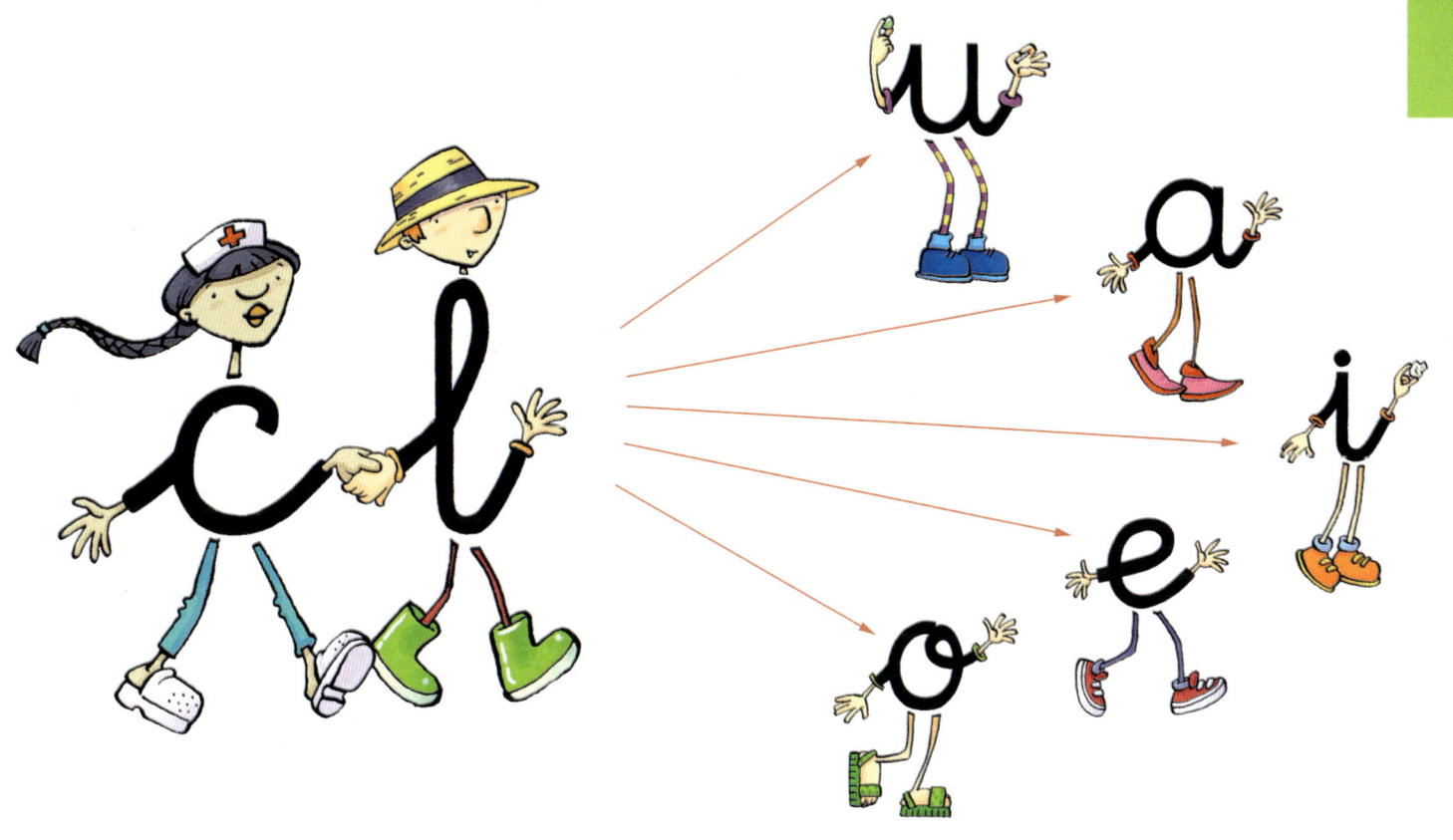

clu	cla	cli	cle	clo
clu	cla	cli	cle	clo

cul	cal	cil	cel	col
cul	cal	cil	cel	col

- En la clase escribo claro.

- Mi hermana tiene una bicicleta roja.

- El huevo tiene clara y yema.

- Claudio cultiva claveles.

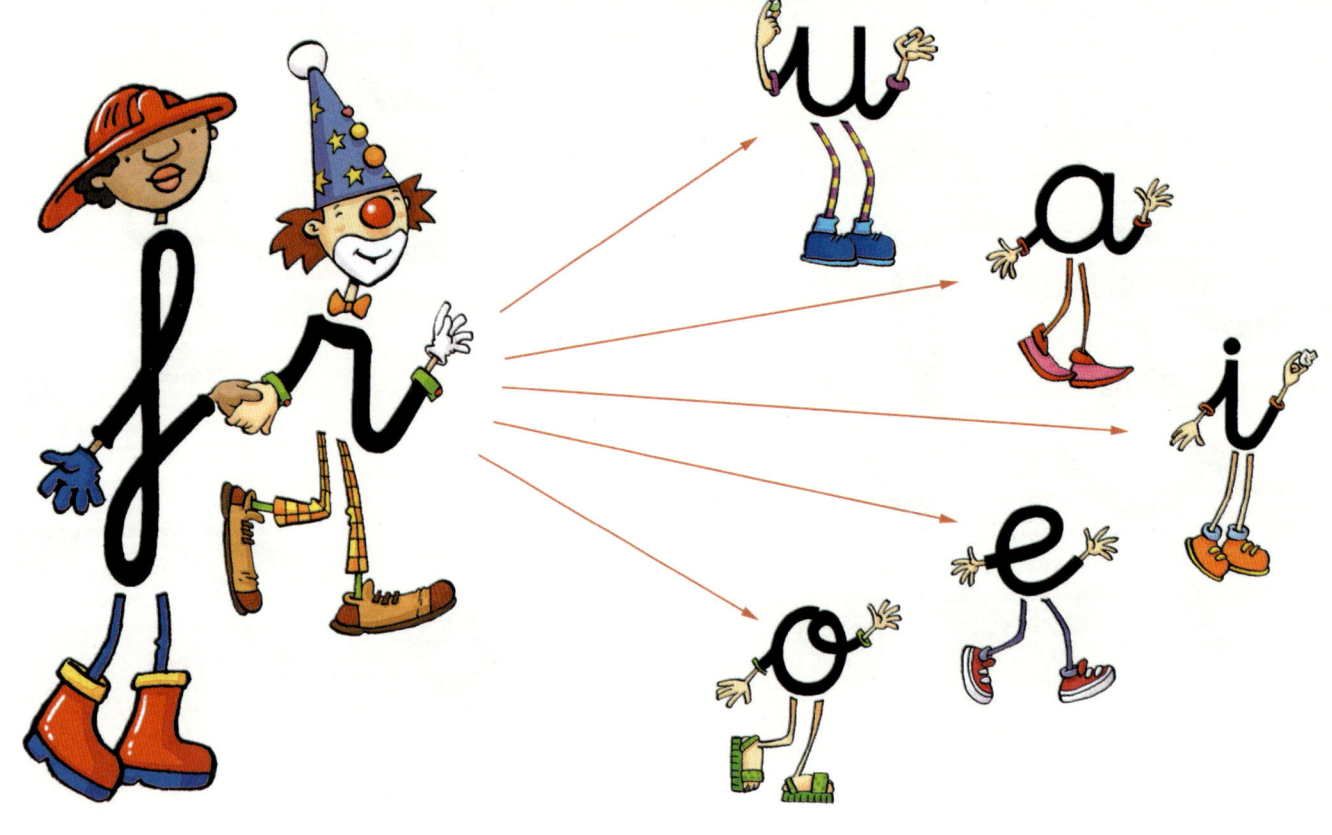

fru	fra	fri	fre	fro
fru	fra	fri	fre	fro
fur	far	fir	fer	for
fur	far	fir	fer	for

- Eernando está en forma.

- La fruta es buena y sana.

- Estas fresas están muy sabrosas.

- En invierno hace mucho frío.

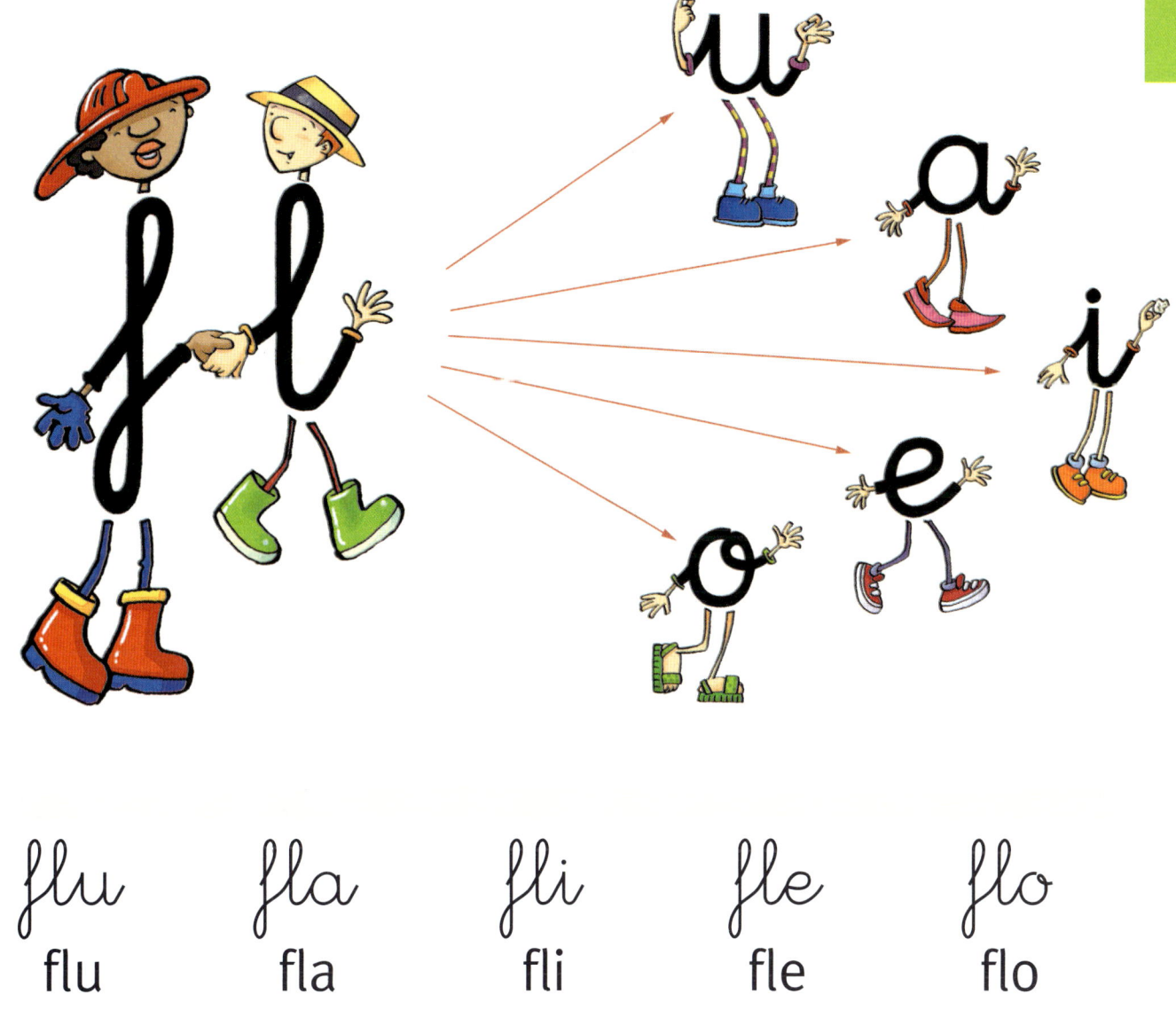

flu	fla	fli	fle	flo
flu	fla	fli	fle	flo
ful	fal	fil	fel	fol
ful	fal	fil	fel	fol

- Ella tiene una falda de flores.
- Las flechas del arquero son rojas.
- Ya no necesito el flotador.
- Elor protege sus dientes con flúor.

Cielo

Cielo hermoso.
Guardián del agua;
mar sin arena
con velas blancas.

Y en días de frío
cubre los campos
y juncos del río
de pétalos blancos.

¡Qué tonterías!

El gatito bebe
leche con café.
¡No sea usted bruto,
que va a enloquecer!

El patito come
pan con chocolate.
¿No ve usted, señora,
que es un disparate?

El perrito chupa
helado de fresa.
¡Los niños lo miran
llenos de sorpresa!

gru	gra	gri	gre	gro
gru	gra	gri	gre	gro

gur	gar	gir	ger	gor
gur	gar	gir	ger	gor

- Siempre hay que dar las gracias.
- Las gallinas comen granos de maíz.
- Los niños salen alegres al recreo.
- El grillo hace cri cri.

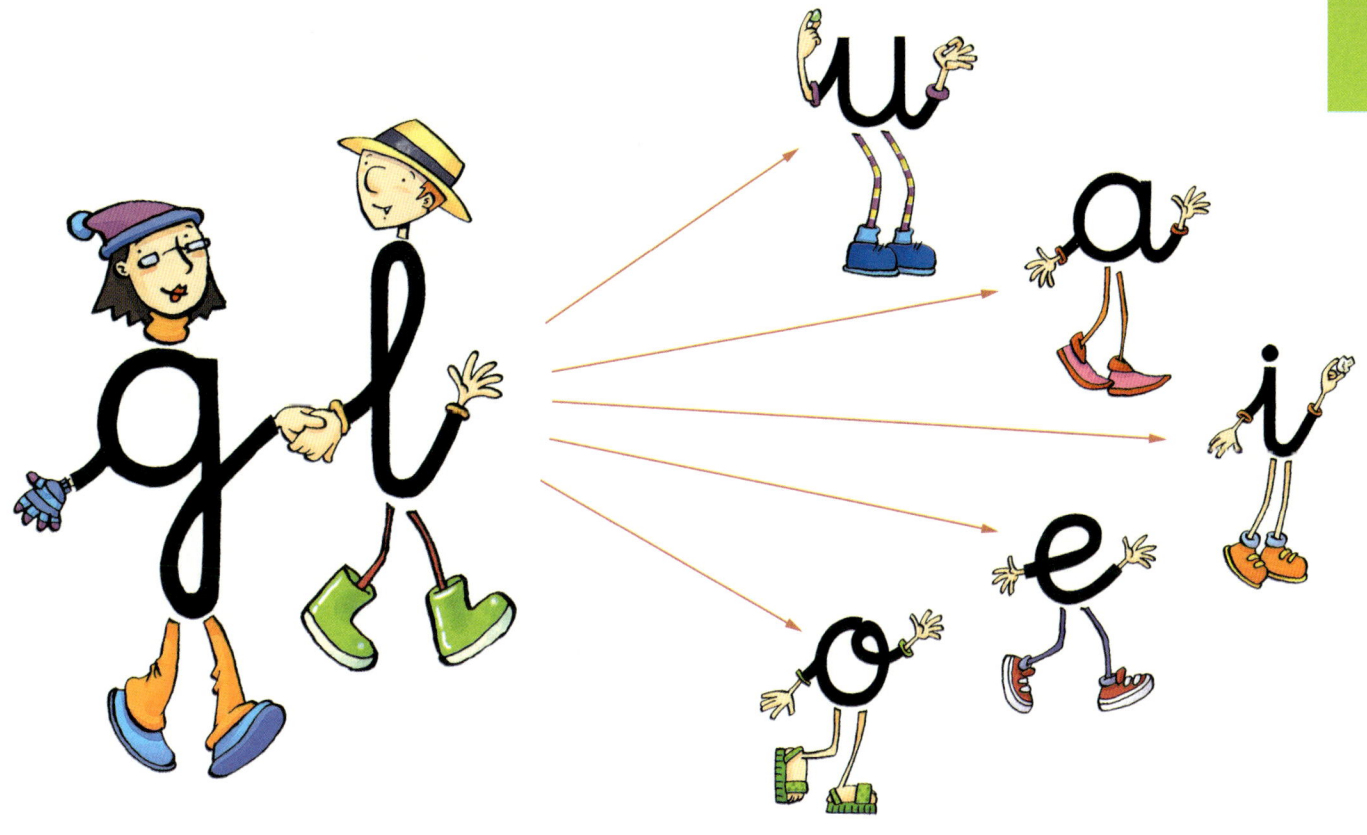

glu	gla	gli	gle	glo
glu	gla	gli	gle	glo
gul	gal	gil	gel	gol
gul	gal	gil	gel	gol

- El perro de Gloria es un galgo.
- La puerta apareció llena de golpes.
- Tengo un nuevo profesor de inglés.
- El oso del cuento era un glotón.

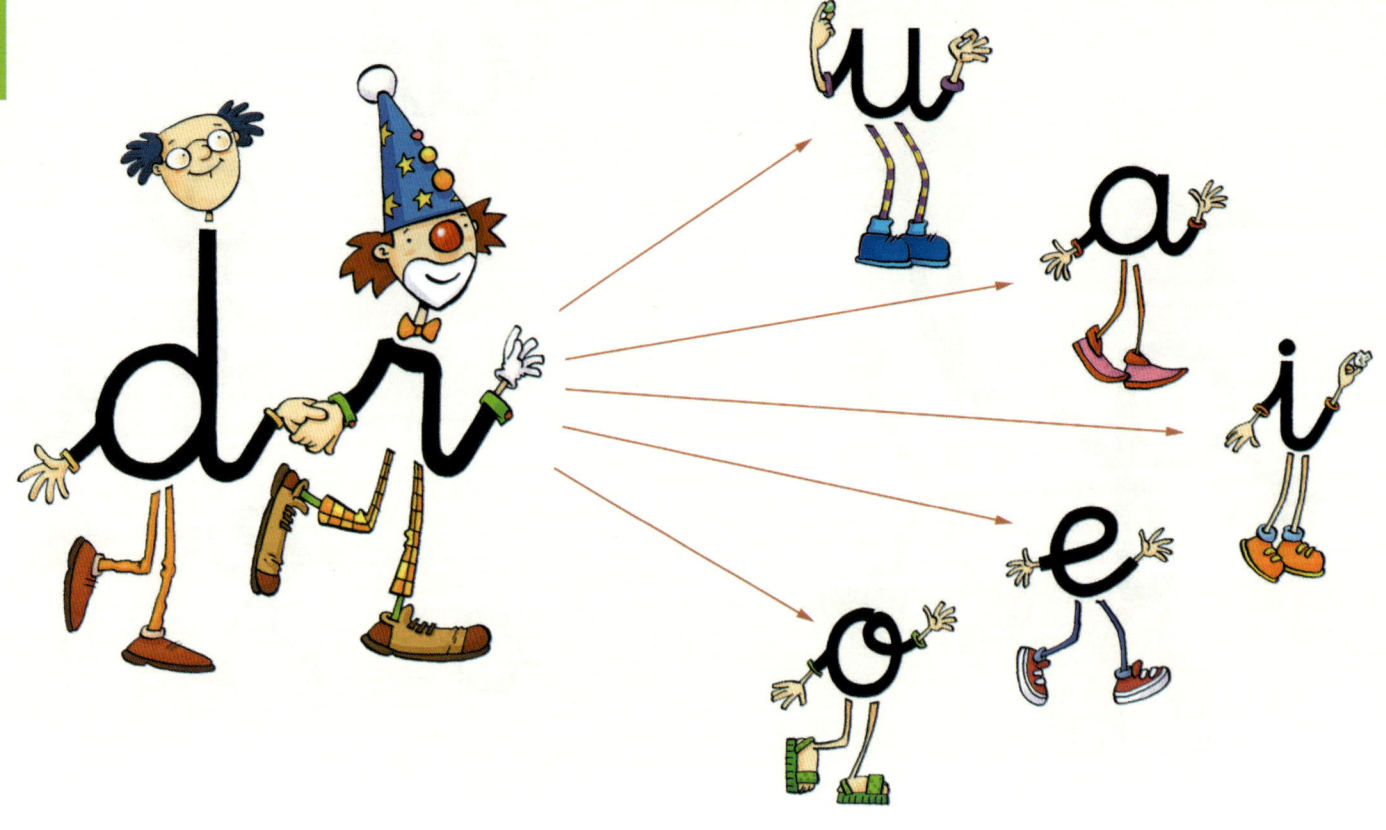

dru	dra	dri	dre	dro
dru	dra	dri	dre	dro

dur	dar	dir	der	dor
dur	dar	dir	der	dor

- El perro pastor ladró al ladrón.
- Adrián preparó salsa de almendras.
- Te puedes perder si vas solo.
- Las golondrinas vendrán pronto.

tru	tra	tri	tre	tro
tru	tra	tri	tre	tro

tur	tar	tir	ter	tor
tur	tar	tir	ter	tor

- El potro salvaje trotaba.

- Mi madre trabaja con un ordenador.

- Hay que repartir los trabajos de casa.

- Yo sé hacer trucos de magia.

La mamá canta:

«Toca palmitas
que viene papá,
tócalas bien
que ahora vendrá».

La niña pide otra canción:

«Arre borriquito;
arre , burro, arre;
anda más deprisa
que llegamos tarde».

La niña salta y ríe
sobre las rodillas de su madre.

¡Qué cosa tan rara,
una flor con cara!

¡Qué cosa tan suave,
una pluma de ave!

¡Qué cosa tan graciosa,
una rosa mariposa!

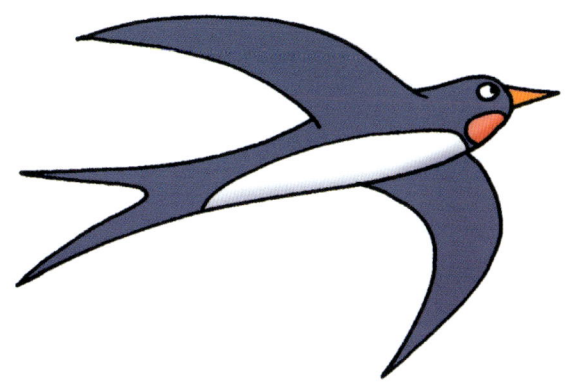

¡Qué cosa tan fina,
una golondrina!

¡Qué cosa tan buena,
una magdalena!

¡Qué cosa tan bonita,
una margarita!

brus	bron	brir	bren	bral
brus	bron	brir	bren	bral

- El tren hizo un movimiento brusco.

- No podrás abrir esa puerta.

- Las nubes cubren el cielo.

- Evita las broncas y las peleas.

- Mete el bronceador en la bolsa de la playa.

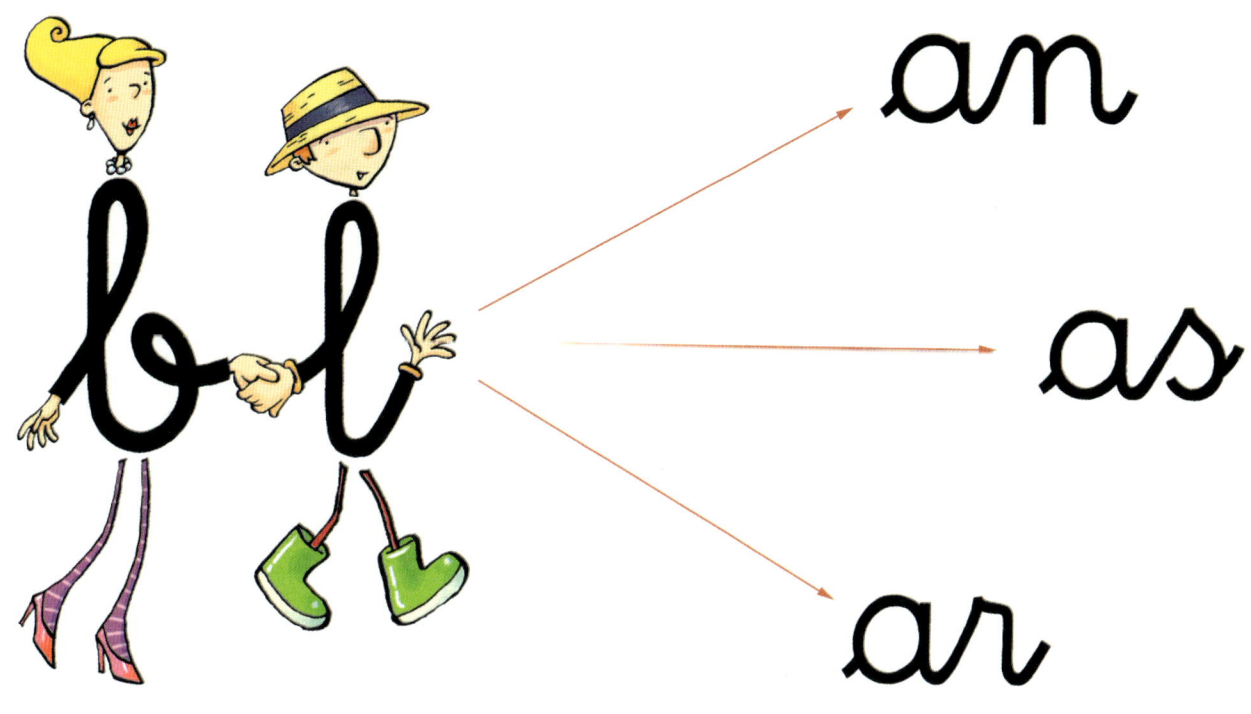

blan

blan

blas

blas

blar

blar

- Me gusta el nombre de Blanca.
- Blas ha pintado las tablas.
- El campo amaneció cubierto de un manto blanco.
- El algodón es blando y suave.
- Podemos hablar de la película.

is
in
uz
ip

cris   *crin*   *cruz*   *crip*

cris   crin   cruz   crip

is
on

clis   *clon*

clis   clon

Cristóbal peina la crin del caballo.

Cristina está haciendo una cristalera y su abuela hace punto de cruz.

Un ciclón se parece a un huracán.

Voy al cine con Mari Cruz.

El ciclismo es un deporte muy sano.

Brinca, salta, corre, marcha,
y no ceses de gritar;
porque el día es alegría,
por la noche, ¡a descansar!
Trepa, salta, corre, brinca,
juega, canta, ríe... ¡ya!

¡Ratón, que te pilla el gato!
¡Ratón, que te va a pillar!
Si no te pilla esta noche,
mañana te pillará.

(Popular)

is
an
en
as

plis	plan	plen	plas
plis	plan	plen	plas

- Si no cumplís las normas no podréis participar.

- Las plantas necesitan sol y agua para vivir.

- Mañana cumplen años Plácido y Prudencio.

on

is

es

ac

pron	pris	pres	prac
pron	pris	pres	prac

- Ayer cortaron el ciprés del patio trasero.

- Pronto será primavera.

- El practicante me puso una inyección.

- Esa ropa no es práctica para jugar.

- Llevé los prismáticos a la excursión.

as
ac
en
az
un

fras	frac	fren	fraz	frun
fras	frac	fren	fraz	frun

- Tengo la frente caliente. Debo de tener fiebre.

- La mermelada está en el frasco.

- El disfraz de bruja me queda pequeño.

- El vestido de flores tiene frunces.

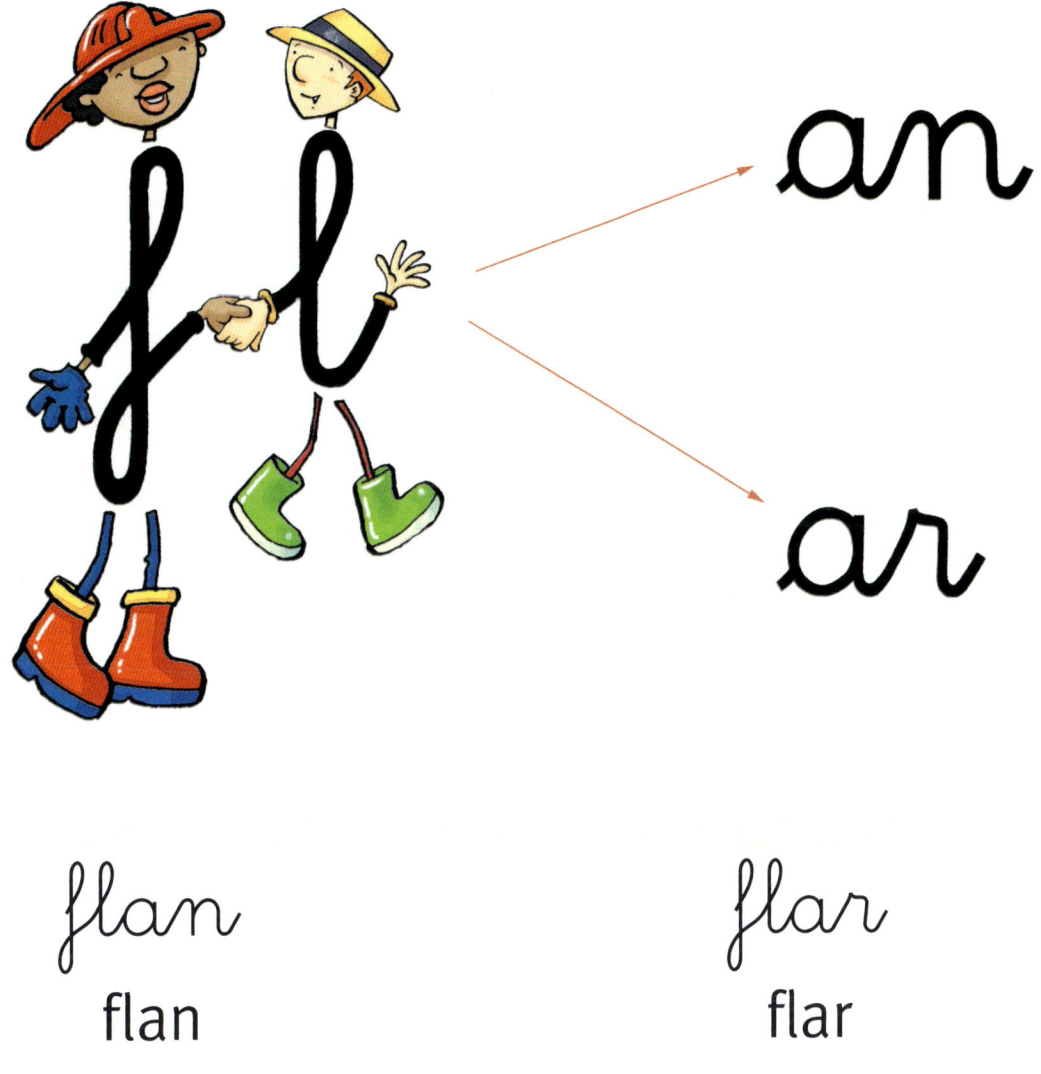

an

ar

flan
flan

flar
flar

- De postre he tomado un flan.

- Tienes que inflar la rueda del coche.

- Para camuflarte puedes pintarte la cara.

- Este muñeco es un gordinflón.

- Esta flor es una amapola.

El Sol saca
su luz abundante
y la manda.

La recoge
por la tarde
y la guarda.

Por la mañana, despierto
de nuevo,
nos la regala.

Luz... luz... luz...
Sol... Sol... Sol...

La hucha

Tengo una hucha con gorro
donde guardo mi dinero.
Con las monedas que ahorro
compraré lo que yo quiero.

Nadar

No nades, niño, no nades
si no sabes bien nadar.
Aprende, niño, primero,
porque te puedes ahogar.

en
is
om
os
iz
as

tren   tris   trom   tros   triz   tras

tren   tris   trom   tros   triz   tras

- La mosca en el cristal hizo tris tras.

- El elefante tiene una pequeña herida en la trompa.

- Mi sobrino está muy triste.

- En clase tocamos la trompeta .

- Quiero ser actriz de teatro.

es

il

ac

al

on

dres	dril	drac	dral	dron
dres	dril	drac	dral	dron

- Andrés juega al parchís.

- En mi ciudad hay una catedral.

- El dracma es una moneda antigua de Grecia.

- Me gustan los pimientos de Padrón.

- El mandril es muy juguetón.

an

es

as

gran	gres	gras
gran	gres	gras

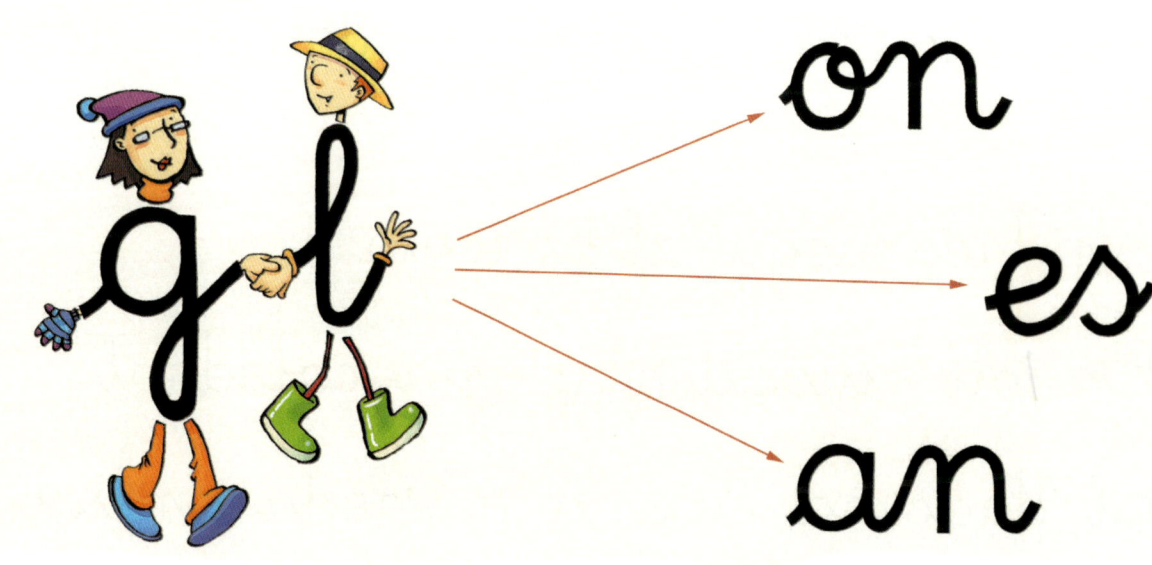

on

es

an

glon	gles	glan
glon	gles	glan

El granjero me enseñó su tractor.

Mi madre compró tres cajas de moras negras.

He aprendido a escribir dentro del renglón.

Graciela aprendió inglés en Inglaterra.

Tres tristes tigres comían trigo en un trigal.

Ojos Negros es un pueblo.

Tiene minas de hierro.

Su iglesia es magnífica, preciosa.

Hay casa grandes y pequeñas.

Su viejo molino de viento vigila desde lo alto.

Sierra Menera lo protege.

Su gente es buena y trabajadora.

El Sol

El Sol es redondo.
El Sol está arriba.
Si guiño los ojos
le veo los rayos
largos y cortos.
Nos da luz y calor.
El Sol está lejos, lejos...
Lo vemos pequeño.
Pero es grande, muy grande.
¡Me gusta mucho el Sol!

ins

ins

trans

trans

cons

cons

Mi instrumento favorito es la guitarra.

Este es el instituto de mi hermano.

El día seis de diciembre es el día
de la Constitución.

Transportamos leña para la hoguera.

Las constelaciones brillan en el cielo.

Estoy muy constipado y no puedo
respirar.

Elena y el enanito

Elena tenía un amigo estupendo.
Era un enanito con gorro colorado.

El enanito vivía debajo de una seta
de lunares blancos.

Un día su amiguito le dijo que tenía
que marcharse.

Elena se puso muy triste.

El enanito le regaló una pequeña
y bonita cesta.

Le dijo que cuando quisiera verlo,
tenía que llenar la cesta con flores
azules. Entonces volvería.

Tuvo que esperar el verano para recoger azulinas y llenar su cesta.

El enanito apareció cuando la cesta estuvo llena.

Le contó historias maravillosas de su pequeño país.

Elena sintió deseos de marchar con su amiguito. Este le convenció de que no fuera. Sus casas eran muy pequeñas y no podría entrar.

Pero a Elena no le importó. Ella era feliz imaginando las historias que el enanito le contaba.

Y colorín, colorado, este cuento se ha acabado.

Las perlas

Raúl era un niño que tenía mucha fantasía.

Imaginaba aventuras extrañas.

Un día sucedió algo extraordinario.

Os lo contaré:

Raúl estaba jugando cerca de su casa
y vio a una niña desconocida.

Hablaron y jugaron mucho rato.

La niña era un hada con poderes mágicos.

Cuando se despidieron, la niña regaló
a Raúl un collar de perlas.

Raúl le dio el collar a su mamá,
que se lo puso muy contenta.

De repente, la mamá de Raúl empezó a volar
y se alejó a gran velocidad. Estaba asustada.

La mamá se quitó el collar y descendió
con rapidez.

Cuando llegó a su casa, cogió las perlas
y las lanzó al espacio con mucha fuerza.

Las perlas volaron y volaron lejos, muy lejos.
Se convirtieron en pequeñas y brillantes
estrellas.

Allí siguen todavía.

Raúl las saluda todas las noches.

Espera que la niña vuelva alguna tarde a jugar
otra vez... pero ¡no aceptará ningún regalo!

Y azulín, azulado,
este cuento se ha acabado.